心の傷をいやす 101の言葉

suisho tamako 水晶玉子

Jitsugyo no Nihonsha

まえがき

人の心は傷つきやすいものです。

何かあっても平気そうにみえる、あの人の心も傷だらけかもしれません。

悪気がないとわかっていても、あなたが誰かの言動にひそかに傷ついたりするように、あなた自身も、知らずに誰かの心を傷つけているのかもしれません。

愛しているから、身近だからこそ、深く傷つけ合うこともあり、まさに「生きることは傷つけ合うこと」と言ってもいいのでしょう。

でも、体の傷がやがて治るように、心の傷もいつかは癒され、治るもの。生きている以上、治らない傷なんてありません。

むしろ心の傷は、それが癒され、乗り越えるたびに、そこにさまざまな気づきや成長が生まれ、あなたの人生を豊かにしてくれるきっかけになったりすることもあるでしょう。

心の傷を癒してくれるものは、いろいろあります。時間の流れ、美しい自然、誰かのやさしい心遣い、生きているものの温もり……でも、きっと一番、人の心を癒すのは、人の言葉ではないでしょうか？

それがあなた自身に向けられた言葉でなくても、誰かの言葉にハッとしたり、ふと心が軽くなったり、涙が出たりした経験はありませんか？

それは、言葉によって心が動き、心の傷も癒された瞬間です。

形のない心には、形のない言葉が何よりの治療薬。そして心が変われば、現実も変わります。心に届く言葉は、それほど力のあるものなのです。

私は、長い間、占いを仕事にしてきましたが、占いは当たったからといって、その人の心を救えないことを痛感してきました。占いを踏まえて、その人の心が楽になり、未来に希望を持てるような伝え方を模索しながら、そこに書き添えていた言葉を集めたのがこの本です。

これらは私が子供のころから誰かに言われれり、実感として考えたり、どこかで出会った言葉、占いの仕事をする中で思いついた言葉であり、私自身が自分に言い聞かせて、日々の心の痛手を乗り越え、誰かに語って、その人を励ましてきた言葉ばかりです。

言葉の数を、切りのいい100個ではなく、101個としたのは、生きている限り心は傷つくけれど、そのたびに心を癒す言葉も増えていくから。そして、あなた自身にも、自分で自分の心を癒す言葉を、ここに加えていってほしいからです。

この本が、あなたの心を少しでも楽にし、温めるお手伝いができますように。

幸運の木星が蟹座を通過中の2014年6月に

水晶玉子

1

ほとんどの人は、
あなたの気持ちに対して
興味を持っていない。
もし話を聞いてくれたとしたら、
心から感謝を。

悩みや割り切れない気持ちでいっぱいのとき、誰かに話を聞いてもらいたくなるけれど、そんなときに浮かぶ言葉の多くは、心のゴミ、排泄物《はいせつぶつ》のようなものです。あなたも、そんな人の〝自分語り〟を延々と聞かされるのは苦痛では？

生《なま》っぽい言葉は、日記や人以外のものに吐き出すほうが平和。どうしても我慢できないときは、話したほうがいいけれど、親身に聞いてもらえなくて当たり前。聞いてくれたら、それは愛です。

2

目に見えるものだけが、
世の中を動かすわけではない。
心や意識、情熱など、
目に見えない力が、
いろいろなものの形を作っていく。

ものは、ものでしかありません。ものを動かすのは、価値や使い方などを決める、人の「心」です。

何か作られたものが、人を感動させたり、役に立ったり、怒らせたり、傷つけたりするのは、ものそのものではなく、それを作った人の気持ちや技が、ものに乗せられて別の人に届くからです。

ものを見るときは、そこに込められた「思い」も感じてください。人の心を動かすことができるのは、やはり人の心なのです。

3

時々でいいから、物事を終末から
逆に考えてみよう。
そうすると自分が
今、何をすべきかがわかるし、
今、とらわれていることの
本当の姿もわかる。

どんな物事にも、関係にも、必ず終わりがあります。それがいつかはわかりませんが、人は誰でもやがては死ぬし、形あるものは、必ず壊れるのです。そのときのことを想像して、終末から「今」を逆に見ることも、時には必要。

今、目の前にあるものも、どんどん変わっていきます。それにはどんな終わりがくるのか、どう終わらせたいのかを考えてみれば、今しかできないことが何かも、自然にわかるはずです。

4

お金は不思議なもの。
お金、お金と自分から
追いかければ、逃げていく。
お金のことなど考えずにいると、
なぜか自然についてくる。

タライの中の水を、自分のほうへ自分のほうへと集めようとすると、水はタライの手前で跳《は》ね返り、左右にこぼれてしまいます。逆に、水を向こうへ、向こうへと押しやると、水はタライの向こう側に当たって、ゆっくり手前に集まってきます。

お金は天下のまわりもの、水のように流れて循環していくものだとすれば、自分のことばかり考えて、それを集めようとしてはいけないのでしょう。欲張りすぎてはいけません。

5

年齢や立場、肩書きを忘れて
何かに夢中になったり、
没頭できる瞬間を
どれくらい持てるか——
それも人生の幸せの一つの計り方。

「幸せ」は、いろいろな言葉で語られるけれど、どんな幸せも、うれしい気持ち、楽しい気持ちを、もたらしてくれるものであることは確か。楽しい気持ちのときは、時のたつのを忘れたり、時が止まってくれればいい——などと思うもの。

そんな、何もかも忘れて好きなことを楽しめる瞬間が多いほど、人生は幸せなのです。そして、心から楽しめる、大好きなことの前では、年齢や立場、肩書きは関係なくなります。

6

ひとりになりたくないと思っていると、
誰といても、いつも寂しい。
でも、人間はもともとひとり。
ひとりでいこうと思うと、
自分はひとりじゃないと気づくはず。

あなたが座っている椅子の隣に、ぽっかり空《あ》いたスペースがあるとします。それを意識していると、いつも寂しいはず。誰もそこが空いていることに気づかず、誰もそこに座ろうとせず、素通りをしていくように感じるでしょう。

でも、人が座るべき椅子は、もともとひとり掛け用なのです。そう思って周囲を見ればきっと、それぞれ自分の椅子に座っている人が、あなたのすぐ近くに、たくさんいることに気づくでしょう。

7

人に向けた気持ちは、
巡り巡ってあなたに返ってくる。
悪意も愛も親切も。
だから愛されたいのなら、
まず愛することから始めて。

今、あなたを取り巻いている世界は、あなた自身の鏡です。

あなたが人に向けたやさしさや親切は、その人から直接は返ってこないかもしれません、でも、人にやさしく親切にされた人は、それをきっと別の人に、別の形で届けるでしょう。

そうして、あなたが最初に起こしたやさしさと親切のウエイブはいずれ、あなたのもとに返ってくるのです。まずはあなたが、愛の最初の波を作って、送り出しましょう。

8

迷いながらやっても、
不満を持ちながらやっても、
やるという行為は同じ。
それならば言い訳を考えずに、
やるときは気持ちよく、正々堂々と。

子どものころの私は、家の手伝いが嫌いでした。怒られながら、ふくれっ面でグズグズやっていた私に、兄が言いました。

「バカだなぁ。どうせやらなくちゃならないなら、ニコニコしてサッサとすませろよ。そうすれば、同じことをして親も喜ぶ、自分も気持ちいい。ずっと得だろ」

嫌だけど、やらなくてはならないことほど、気持ちよく素早くすませましょう。そこに小さな楽しみでも見つけようとしながら。

9

何かに執着して、
心が動かなくてつらいときは、
身体を動かしたり、
声を出してみよう。
心も少し柔らかくなって、
動きはじめる。

心と身体は、両方あなたのもの、無関係ではありません。心が変われば、身体も変わる。反対に、身体が変われば、心も変わります。どちらかを変えたいときは、動きやすいほうから動かせばいいのです。心が動かないときは、まず身体の状態や、置き場所を変えてみましょう。

たとえば、旅行で日常を離れれば、執着から心が剥《は》がれます。散歩をしたり、大きな声を出すだけでも、心は動きますよ。

10

周囲が何と言おうと、
あなたが負けたと思わなければ、
あなたはまだ負けてはいない。
でも1度、負けを受け入れれば、
仕切り直してまた、
頑張ることもできる。

何が勝ちで、何が負けかは、人ではなく自分が決めること。

ある時点で、「負けた」という形になっても、それはその時点だけでの勝ち負け。その先、別の形で、その結果をひっくり返すことは、きっとできます。たとえ「負け」でも、それを認めて受け入れれば、もうイーブン。またいつか勝負ができるでしょう。

ちなみに、「戦わない」「受け入れる」「自分から負けてみる」という戦い方もあります。

11

才能とは、葛藤《かっとう》できること。
悩めるということ。
矛盾するものを抱え、
それを解消しようとする力が、
才能となって結晶する。

西洋の占いでも東洋の占いでも、矛盾し、ぶつかり合う性質の星を自分の中に抱えている生まれ（一般的には、強運の暗示を持つ）の人を、才能のある人とします。

つまり本物の才能とは、いつも苦しみや自己研鑽《けんさん》とともに発揮されるもの。矛盾を解消しようとする力が、才能なのです。

「自分には何の才能もない」と思う人は、占いでは幸運な生まれの人。平凡でも穏やかに生きる――それもひとつの才能だから。

12

成功は自信を与えてくれるけれど、
パターンも作ってしまう。
失敗は謙虚さと、
次の成功へのたくさんの
情報を与えてくれる。

人は1度、いい思いをすると、「また今度も」と思いがちです。

でも、時は逆回りしないように、同じ運は2度と巡りません。

勝ちのパターンを、自分の得意な手として、大切にすることは悪くありませんが、それを過信するのは危険です。

失敗をすれば当然、落ち込みますが、最初から成功してしまったときには得られない情報と教訓が、あなたに与えられたのです。

そう思えたら、また頑張れるでしょう。

13

どうしても生きていくのが
つらい場所は、きっとあなたに
ふさわしくない場所。
人生は、自分が一番楽しく
輝ける場所を見つける旅。

頑張っても、なぜか人とぶつかったり、自分を出せずに萎縮《いしゅく》してしまう場所が、誰にでもあります。そこはきっとあなたにふさわしくない場所。だからそこを離れることは、逃避でも、恥ずかしいことでもありません。

ただそのあと、誰かや何かのせいにして、自分にふさわしい場所を見つけようとしないのは、それこそ逃避。生きるとは、あなたが、あなたらしくいられる場所を探し続けることなのです。

14

どんなに頑張っても、
自分に有利な
風が吹かないときもある。
そんなときは
頭を低くしていれば、
嵐もやがて通りすぎる。

逆風や嵐の中を進むのは、何より危ないし、進路を過《あやま》る恐れがあります。今、自分に向かって逆風が吹いていると感じたときは、下手に動かず、語らず、嵐が通りすぎるのを待てばいいのです。落ち着いて時期を待つことは、がむしゃらに進むことより、よほど力強い選択になることも多いもの。

どんなに厳しい運気も、永遠には続きません。嵐が去ったあと、あなたには必ず新しい世界が開けるでしょう。

15

今の状態が、あと少しだけでも
続いてほしいと願う瞬間が、
実は至福のときなのかも。
だから日常には、案外たくさんの
至福の時間がある。

楽しいとき、気持ちがいいとき、大変でも充実感を感じているときなど、「あともう少しだけやりたい」「この状態が続いてほしい」と思うことが、日常には時々あります。

あんまりささやかすぎて、気がつかないかもしれませんが、それが人生の幸福の瞬間です。その瞬間は、確かに満たされて幸福だから、「続いてほしい」と願えるのでしょう。人生は、そんな瞬間瞬間の幸福を紡《つむ》ぎながら、過ぎていくのです。

16

もし誰からも
愛されていないと思うのなら、
自分だけは
自分を愛してあげよう。
もうひとりの自分は、
あなたの永遠の友人。

世界中から見捨てられたような気持ち、ものすごい孤独を感じることは、誰にでもあるものです。誰も自分のことなどに関心がない、見ていない、自分には存在価値さえないように思えてならないことが……。でも、誰に見捨てられても、みんなが背を向けても、あなただけは自分を愛してあげましょう。

自分を誰よりも愛せるのは、あなた自身。ひとりぼっちのときも、問いかければ応えてくれる「あなた」はいつもいます。

17

世の中のすべては、変化の途中。
何かを手に入れたつもりでも、
それは、そこからまた
変化していく。
変わり続けていくものだけが、
永遠に続くもの。

全部で64ある易《えき》の卦《け》には、決まった順番があります。その最後に置かれた卦は、「火水未済《かすいびさい》」という、いまだ整わない、「未完」を表す卦です。最後の卦が完成ではなく、未完であるということ――それは、運気も万物もすべては循環し、決してひとところには止まらない、だからこそ永遠に続くことを教えています。

ひとつのゴールは次のスタート。永遠に変わらない愛とは、永遠に変わることを受け入れる愛です。

18

出会いとは、必ずしも生きた人が
相手とは限らない。
残されたものの中に息づく、
違う時代の人の思いを知る、
感じるのも、また出会い。

1日中、どこにも行かない、誰とも会わない日にも、出会いはあります。テレビや新聞の中で、たくさんの人の思いと、あなたは出会うでしょう。料理で使う野菜や魚を通して、それを商品にするために働いた、多くの人の気持ちとも出会います。

また古い書物や道具に触れれば、時空を越えて、この世では会えない人の思いとも出会えるのです。そんな出会いも、人との出会いと同じくらいパワーがあり、大切なものです。

19

レールに乗ったつもりで
安心するのは、危険なこと。
レールの行き先なんて、
誰にも見えないし、
レールを支えている土台だって、
揺らぐことはあるのだから。

先々で苦労をしないように、今からいろいろと手を打つあなたは、立派です。でも今、安全で有利と思えるレールや展望は、今だから価値があるもの。時が流れて状況が変われば、その行き先が、今思うバラ色の未来につながっている保証はありません。

だから少なくとも、どんな〝保証〟も未来永劫《えいごう》、続くとは思わないことです。何がどう変わってもメゲない自分を作ること――それが一番、確かな保証です。

何もしなくても、肉体は人生の中で
消費され、すり減っていく。
その肉体と能力と時間は、
天が与えたあなたへのギフト。
あなたが自由に使っていい。

あなたのその肉体、その能力、その運命――人と比べてみれば、最上とは言えないかもしれません。長所も短所もあるでしょう。でも、それが今回の人生で、あなたに与えられたキャラクターであり、武器なのです。

あなたが生まれてきたのは、それを使って、この世の中でできる何かが必ずあるからです。生きている限り、あなたには何かできることがあるはず。できることがあるから、生きているのです。

21

大きな幸せはきっと、
小さな幸せの積み重なり。
すごくいいことはなくても、
毎日、楽しみなことが
ひとつでもあれば、
人は十分、幸せに生きていける。

とても大きな幸運に恵まれても、毎日、おいしく食事ができないような状態だったり、それを一緒に喜んでくれる人が誰もいなかったりすると、その幸運も目減りしてしまうでしょう。

たいして大きな幸運に恵まれなくても、大きな望みが叶《かな》わなくても、毎日健康で、ちょっとでも楽しいと思える時間を持てれば、それはとても幸せなこと。今、あなたが手にしている小さな幸せにも、ちゃんと目を向けてください。

22

恋する季節を過ぎたように思えても、
恋心は死ぬまで枯れない。
それは生きる力。
ただ、恋の形や恋する対象は、
いろいろ変わるかもしれないけれど。

恋をするのは、生き物は和合《わごう》することで満たされ、豊かになり、自らを越えていけるからです。確かに、生殖に結びつく恋は、若いころにしかできないかもしれません。でも、それだけが恋ではないのです。誰かに恋する気持ち、何かを恋するように夢中になる気持ちは、大きなパワーであり、喜びです。

その〝恋心〟は、いくつになってもあなたの人生を満たし、豊かにし、あなたを超えて広がりを持つものを育てるはずです。

23

物事は、計画通りに
進まないのが普通。
予想外の困難があるかも
しれないけれど、
思いがけないチャンスが
明日、巡ってくることもある。

どんなにシミュレーションをしても、計画を実現していこうとするときには、予想外のことが起きて当たり前。何事も、やってみなくてはわからないことが多いものです。

だから、すべてを問題なく完璧にやることよりも、起きてしまう問題やトラブルをいかにクリアするかという、解決能力のほうがより大切で、必要なことかもしれません。問題を解決するための新たな知恵や試行錯誤から、新しいチャンスも生まれます。

24

叱られたり、
厳しいことを言われたりしたら、
相手に感謝しよう。
普通の人は面と向かって言わず、
陰で言うだけなのだから。

人の陰口や悪口、不満やグチは、誰でも言います。言いたいときは言って、すっきりしたほうがいいでしょう。でも、聞いてもらう相手は、悪口の本人とは、無関係な人を選ぶのが基本。

何かの事情で本人に直接、感情的な言葉や批判をぶつけなければいけない場面もありますが、それはとてもエネルギーのいる行為。だから、悪口を言われたら感謝を。陰でのあなたの本当の評判を、教えてくれたのかもしれません。

25

自分が傷ついたと
思っているときが一番、
人を傷つけているとき
なのかもしれない。
強すぎる被害者意識は、
時にはひとつの刃《やいば》。

自分が「傷ついた」と思っているときは、他のどんな場合より、自分のことを一番に考えているものです。人の気持ちまで考える余裕はないので、案外、人を傷つけても気がつきません。

また、「私はこんなに傷ついた」という主張は、相手にその自覚がなかったときほど、その人を傷つけます。強すぎる被害者意識がある限り、傷つけ合いは終わらないでしょう。心が落ち着いたら、解決策や許しも考えてみて。

26

物の価値を決めるのは、あなた。
他の人には価値がなくても
あなたには価値があるもの、
あなたしか大事にできないものが
本当に大切なもの

自分が好きなものを、「どこがいいの？」と否定されたら、とても傷つくかもしれません。でも、感覚は人それぞれ。好きなものが、ひとりひとり違うから面白いし、だからこそ平和なのです。みんなが同じものを好きだったら、競争が激しくて大変です。

自分の好きなものを、人に理解してもらうのはいいことですが、人に強要はできないし、左右される必要もありません。あなたにしか愛せないもの——それが、あなたの本当の宝物です。

27

この世の中には
何億もの人がいるのに、
私たちは一生のうちに、
ほんの少しの人としか
知り合えない。
だから出会いは、すべて必然。

街には、見知らぬ人があふれています。これほどたくさんの人がいる中で、自分が実際に関われる人間は、ごくわずか。今、周囲にいる人はすべて、同じ時代の、近い場所に生まれ、知り合ったというだけで、あなたと強い縁がある人です。ですから出会った人とは、できるだけ誠実に付き合いましょう。そうしていれば、たとえ短い縁でも納得できるはずです。深入りしないほうがいい縁も、自然にわかるでしょう。

28

大切なのは想像力。
相手が何を望み、
何を感じるのか――
それを想像して、考えてみれば、
自然に答えが見えてくる。

「その人はなぜ、そんなことを言うのか」「自分の言葉を、相手はどう受けとめるか」など相手の立場で物事を考えてみる。自分の行動や、今の状況がもたらす結果や未来を考える。理想とする状態の、具体的なビジョンを持つ。お客様が、何を求めているのかを探る——これらにはみんな、想像力が必要です。

そして、そんな想像力をもう少し使って動けば、今よりずっとうまくいくことも、多くなるはずです。

29

何でもいいから、
1度はやりすぎたり、
限界と思うぐらいの経験は必要。
それがあって初めて、
中庸《ちゅうよう》の偉大さもわかる。

子どもや若者がムチャをするのは、限界を知らないから。自分の可能性を信じているから。だからこそ、それまでの人が行けなかったところ、やれなかったことに届くのです。

危険や失敗、そして自分の限界は、人からいくら諭《さと》されても、自分で経験しなければわからないもの。何でもいい、1度でいいから、「もう、これが限界」と思うところまでやってみましょう。それは自信にも、自戒にもつながります。

30

どこに行っても、
肩書や立場が変わっても、
できないことが増えても、
それによって、あなたの価値が
変わるわけではない。

肩書きや立場、能力は、努力をして手に入れるとても尊いものですが、場所が変わり、時が変わり、状況が変われば、それを活かせなくなることもあるでしょう。

でもそれらはみんな、あなたの価値の一部でしかありません。

あなたは、あなた自身であることで、この世にたった一人の人間として、価値ある存在なのです。たとえ今、自分の持っているいろいろなものが、何もかも、なくなってしまったとしても。

31

時は巡り、夢は必ず叶《かな》う、
あなたがその夢を
諦めさえしなければ――。
形は少し違うかも
しれないけれど、
今とは何かが変わるからこそ、
夢は叶うのです。

夢は必ず叶《かな》うけれど、最初に願った通り、原型のまま実現することは稀《まれ》です。ただ思い続けるだけでは、それは執着。夢を叶えるためには、努力も必要ですし、自分や何かが、今とは変わらなければならないからです。でも、諦めなければ、いつか「こういう形で、夢は叶ったのか！」と思えるときが、きっときます。

ただし、夢が叶えば、そこからは現実。それはまた、どんどん変化して、新しい夢が生まれていきます。

32

疲れたときは、思い切って休もう。
あなたと同じように
他の人も疲れるのだから、
大丈夫、安心して。
疲れを癒《いや》したら、また挽回《ばんかい》できる。

上手に休むのは、難しいものです。頑張る人ほど、「休んだら、戻る場所を失うのでは」と恐れます。でも、リフレッシュしたほうが、きっと効率も上がるはず。もしかしてあなたのほうが、もう同じところに戻りたくなくなるかも……。

アクシデントで休まざるを得なくなったり、やりたくても仕事のないこともありますが、それは、忙しいときとは違うものの見方をするチャンス。自由な時間は、天からのギフトかもしれません。

33

何かを始めるのに、
遅すぎるということはない。
やりたいと思ったときが、
あなたにとってのベストタイミング。
今を逃がせば、
もっと遅くなるだけ。

やりたいことはあるけれど、もうこんな年齢だから、今さら遅いから、という理由で諦《あきら》めているなら、それは大間違い。もっと年を取ってからきっと、「あのときに始めていれば……」と、今のことを思い出すはずです。先に延ばせば、もっと遅くなるだけ。

物事はすべて、やりたいと思ったときがベストタイミング。それでもやらなかったことは、本当にはやりたくなかったか、やる必要がなかったことでしょう。

34

忘れたくないことは、
無理に忘れなくていい。
その思いはいつか、
心の中で一番ふさわしい場所を
見つけて、
思い出になっていくから。

過去に縛られていては前に進めないから、人は過去を断ち切ろうとするときに、「忘れなくては」と思うものです。でも、無理に忘れようとするのは、とてもつらいこと。もし忘れられないなら、ずっとそれを大事に抱きしめていていいのです。

やがてそれはあなたの一部になり、「思い出さないけれど、忘れない」という形になって、心の奥に収まるでしょう。そんな思い出の数々が、あなたが生きたという、何よりの証しです。

35

あまり「自分」を
語りすぎないようにしよう。
多くの言葉の中にまぎれて、
自分自身も相手にも、
本当の気持ちが見えなくなる。

あなたは、ちゃんと「会話」をしていますか? ただ相手の前で延々と〝自分語り〟をしているだけではありませんか?

その人が好きで、特別であればあるほど、何もかもわかってほしいと思うあまり、饒舌《じょうぜつ》に自分を語りがちです。

でも、多すぎる言葉は相手を疲れさせ、あなた自身をも、心の迷路に誘い込みます。大切な人とは、互いに自分を語るだけでなく、心のキャッチボールのできる会話を心がけてください。

36

「死にたい」と思うときは、
本当は「生きたい」気持ちが
最も強いとき。
死ぬほど、今とは違う
生き方がしたいとき。
「生きたい」気持ちに気づけば、
方法は他にも必ずあるから。

「死にたい」と思い詰めたことは、私にもあります。でも、そこで気づきました。死にたいのは、他にも選択肢があるはずなのに、今の目の前の道しか見えなくなっているから。「こう生きたい」という気持ちが強すぎて、「死にたい」と思うのだと……。

死にたいときは、生きたいときなのです。ですから、「死」は肉体にではなく、それまでの心と生き方に与えましょう。死ぬパワーがあれば、きっと別の生き方が見つかります。

37

大切なものほど、手放してみよう。
それが、あなたにとって
本当に必要なものならば、
いつか必ずあなたのところに
戻ってくるから。

人を苦しめる原因の多くは、執着心です。自分の大事なものが失われる不安、欲しいものが手に入らないもどかしさ。でもそれは、失いたくないと思うから、余計に執着するのです。

人の心はあなたの自由にはならないし、すべてものは変わっていきます。いつまでも握りしめて、縛りつけていると、壊してしまうこともあります。たとえ手放しても、必要なもの、真心をかけてきたものは必ず、かたわらに戻ってきます。

38

人は平等ではない。
持って生まれた顔や身体、能力、
環境も違うし、運命も違う。
それらを受け入れたときに、
あなたの本当の人生が始まる。

人間の、ひとつひとつの命の重さと、生きる権利は平等ですが、それ以外は、ひとりとして同じ人はいません。ですから、運命は時に、とても不公平です。「どうして自分だけが……」と思うことも、きっとあるでしょう。

でも不公平こそが、「あなただけのオリジナルな人生」の扉です。その前でたたずんでいても、何も生まれません。扉を開けて歩み出せば、先には必ず、あなただけの人生の花が咲くでしょう。

39

変わらないでいるためには、
いつだって小さなリニューアル、
時には大きなリニューアルが必要。
だってまわりは、
いつも変わっているのだから。

世の中も人の気持ちも、変わります。あなた自身も、年齢を重ねます。時間の中で生きている以上、変わっていくのが自然なのです。その中で、変わらないでいれば、どんどんズレて、取り残されるでしょう。変わっていくものの中で変わらずにいたいならば、周囲の変化に合わせて、自分も少しずつ変化するのがコツ。

もちろん、変わらない頑固さも必要。でもそれだけが、何かを変わらずに守っていく方法ではありません。

40

あなたの理想の環境は、
どこかにあるのかもしれない。
でも探せない、行けないのなら、
それはないのも同然。
まずは、今いる環境を
変えてみては?

あなたは今、自分がいる場所、環境に不満がいっぱいかもしれません。「仕方なく、ここにいる」と思っているのではありませんか？　でもそこは、今のあなたがいられる精一杯の場所なのです。もっと違う場所に行きたいのなら、それなりの努力も必要。ただし、完璧に満足のできる環境を求め続けるだけでは、ただの放浪者になってしまいます。今いる場所を、自分の理想郷に変えてみることも考えるべきでしょう。

41

毎年毎年、同じ季節が
巡っているようだけれど、
同じ時間、同じ瞬間には
もう会えない。
あなたが今、何歳でも、
今しかできないことがあるはず。

毎日ダラダラと過ごしていた夏休み、父が私に向かって、「12歳の夏は1度しか来ないんだぞ。今しかできないことがあるだろう」と怒ったように言った朝のことを、時々思い出します。

今思えば、そのとき40代半ばだった父の、それは自分の人生における実感だったのかも……。占いでも、星は一定の周期で巡りますが、一生のうちにすべて同じ角度、組み合わせの運には出会えません。毎日の運気も、一期一会《いちごいちえ》なのです。

42

もし、あなたがクヨクヨと
悩んでいるとしたら、
それは心が強いから。
心が弱ければ、
そんなストレスには耐えられないはず。

何かあると、いつもクヨクヨと考え込んでしまうあなた。物事をなかなかサッパリと割り切れないあなた。それは自分が弱虫だから……って思っていませんか？

でも、ああでもない、こうでもないと、つらいことを心の中にとどめて考えていられるというのは、実は、心が強いから。「いやなことは思い出したくない」とばかりに、何も感じず、何も考えずに忘れるより、クヨクヨ悩むのも、時には大事なことです。

43

尖《とが》った気持ちを人にぶつけても、
相手を傷つけ、
折れてまた尖るだけ。
尖った気持ちを
やさしく受けとめてくれるのは、
きっと人間以外のもの。

尖《とが》った気持ちやストレスは、人に向けてはいけません。それをぶつけられたら、どんなに平気そうな顔をしていても、人は傷つきます。そして、尖った気持ちで、またあなたや別の人を傷つけます。

尖ってしまった気持ちやストレスは、紙に書いたり、床を思いきり磨いたり、傷つかない無機質なものに向けるべき。または、たとえリアクションはなくても、動物、植物、自然などに心を開けば、尖った気持ちをやさしく受けとめ、丸くしてくれるでしょう。

44

あなたの人生の中での、
その決断が正解だったかどうかは
誰も決められない。
大切なのは、
あなたが納得できるかどうかだけ。

あなた自身が、納得できたかどうか――最後に一番、大切なのはそこだけ、それだけです。他の人が、どんなにほめたたえても、羨《うらや》んでも、あなたが納得していないことは、成功でも、勝利でも、幸せでもないでしょう。

逆に、他の人がけなしても、認めなくても、あなた自身が本当に納得できるのなら、すべてはそれでOK。誰の人生でもない、あなたの人生なのですから。

45

人それぞれ、進む速度は違う。
速い人は、遠くまで
行くかもしれない。
でも、ゆっくり進む人は、
速く進む人が見ない景色も
見つけられるし、味わえる。

何でも素早く、しかもハイレベルでやってのける人が身近にいると、コンプレックスを感じて当然です。焦ったり、落ち込んだりもするでしょう。だけど、能力の質も、目指しているものも、人それぞれ違うのです。あなたが急行に乗っていける人なら、ぐんぐん進んで遠くの景色を見に行くのもいい。

でも鈍行でいくタイプなら、ていねいにゆっくり、あなたにしか見つけられないものを探しながら、進んでいけばいいのです。

46

愛は、見返りを求めない贈り物。
愛された記憶はずっと心に残り、
いつか必要なときに、
その人の心を温めたり、
慰めたりすることができるから。

もし今、誰かに愛を告白すべきかどうか迷っているなら、ぜひ伝えてください。その愛は、受け入れられないかもしれません。でも、あなたから愛された記憶は、相手の心に残るでしょう。そしていつか、その人がとてもつらく落ち込んだとき、ふと昔を思い出して、「かつて、こんな自分にも愛してくれた人がいた」と、勇気づけられるかもしれません。そう考えれば、意味のない愛の告白はひとつもないのです。

47

人と比較して、
自分にないものばかりを
数えるのはやめよう。
あなたには、
すでにたくさんのものが
与えられているはず。

人が持っていて、自分にはないものがあると、どうしても気になるものです。でも、何かがない代わりに、必ず別の何かが、あなたには与えられています。守るべき家族もお金もないのなら、何にでも挑戦できる自由があります。若さがなくても、多くの経験と年月を重ねなければわからないことを得ています。目に見えないものも含めて考えれば、あなたはすでに、たくさんの大切なものを持っていることに気づくはずです。

48

今日もあなたの細胞は、
身体の中で細胞分裂を繰り返す。
身体はそうやって、
いつもリフレッシュしているのだから、
心も新陳代謝しよう。

人間、「変わりたい」「変わらなければ」と思っても、なかなか簡単ではありません。でも、無理しなくても大丈夫。人間の身体の細胞は、放っておいても周期的に入れ替わっています。数カ月前、数年前とは、あなたの身体はまったく別の細胞で作られているのです。変わろうと思わなくても、生きているだけで、あなたは変わっています。要らない過去は消え、あなたは毎日、新しいあなたになっているのです。

49

幸せの本当の大きさは、
喪失感でしか計れない。
失ってみて初めてわかったことは
2度と失われず、
ずっとあなたの中に残る。

幸せを最も実感できるのは、その真っただ中にいるときではなく、それを失ったとき——そう気づいた少女のころ、この先の人生を生きるのがイヤになるほど、落ち込みました。どんな人生も、どんな喜びも、最後は悲しみで終わる気がしたからです。

でも、今は思います。失うものが、それまでそこにあったという事実は、決して変わらない。失うことで得た教訓を大事にすれば、それが次の幸せにつながるのだと。

50

「諦《あきらめ》」という文字は本来、
「物事を明らかにする」
という意味。
なかなか吹っきれないことも、
理由や真実がわかれば、
自然と諦めることができる。

これは大学の講義で、先生が教えてくれた言葉です。その当時から今に至るまで、執着心が強く、気持ちの切り替えが下手な私の、座右の銘のひとつとなっています。

理由や実態がわからないから、いつまでも心惹《ひ》かれるし、こだわるのです。実態を明らかにすることを怖がってはいませんか？

勇気をもって、原因や現実の本当の姿を見てみましょう。きっとそこには納得のいく答えがあって、吹っきれるはずです。

51

言葉は、人間に与えられた
心の治療薬。
あなたがそれを語れるなら、
もう心の傷も混乱も、
少しずつ治りはじめている。

つらいことや腹の立つことがあって、感情が波立って収まらなければ、少しずつでいいから、それを言葉にしてみてください。聞いてくれる人がいたら、グチでもいいから話しましょう。密《ひそ》かに文章に綴るのもいいでしょう。

言葉にすると、それまでより少しは客観性をもって、物事を考えるもの。それがあなたの心を少しずつ落ち着かせてくれます。ちゃんと言葉にできたときには、心の傷も癒《いや》されているはずです。

52

人間なんて、
もともとカッコ悪いもの、
恥ずかしいことをしてしまうもの。
それなのにカッコつけるから、
もっとカッコ悪くなる。

本当にカッコいいのは、自分を客観的に見る日を持っている人。だから、自分を人にどう見せればいいのかもわかるし、そして実は自分も含めて、人間はみんな、かなりカッコ悪いものだってことも、知っているでしょう。

完璧な人間なんていないし、自分のダメなところは、自分が一番わかる。そんなカッコの悪いところも含めて、ありのままの自分を人に見せることができたら、あなたはもっとカッコよくなるはず。

53

新しいことは必ず、
これまであるものを壊して始まる。
壊れたものは、何か新しいものを
導くために壊れたのだから、
悲しまないで。

卵の殻《から》を破って、ヒナが生まれてくるように、新しいものは、いつも古いものを壊して生まれてきます。それがどんなにひどい壊れ方をしても、失われ方をしても、そのあと、そこには必ず新しいものが生まれる土壌ができるのです。

いつまでも落ち込んで、壊れたものを抱きしめていると、いつかそこは廃墟になってしまいます。壊れたものは、いったい何を新しく生み出そうとしているのかを、よく考えてみましょう。

54

罪はいつも、
自分の気づかないところにある。
また、償《つぐな》いが必ずしも、
相手に届くとは限らない。
償えない悔いを抱いて、
生きるのも償い。

人を傷つけてやろうと思って、本当に人を傷つけることは普通、滅多《めった》にないことです。むしろ、まさか相手が傷つくと思わずにした行為や言葉で、人を傷つけていることのほうが多いでしょう。

自分に本当に罪がないのか、考えてみることは必要です。傷つけたつもりはなくても、相手が傷ついていれば、それは罪なのです。謝罪や償いが相手に届かないことも多いけれど、その後悔を抱き続けることで、やさしく謙虚になれるのです。

55

難しそうな目標だからといって、
最初から諦めるなんてナンセンス。
目指して努力すれば、
得るものが必ずある。
常に自分を越えようとすることで、
人は大きくなるもの。

遠くて高い山。絶対に無理だからと、最初から登ろうとしなければ、何も変わらないし、何も動きません。登るのは無理と思っても、その山のことを調べたり、少しでも近づこうとすれば、その大きさや自分との距離も実感できるはず。遠くから美しい写真を撮ったり、同じ目標を持つ人と出会うこともあるはず。ハイレベルの目標は、到達するためだけではなく、人生の方向を決める意味でも、必要なものです。

56

「ハッキリさせる」ことは、
不安や迷いを解消するけれど、
癒《いや》しや救いにはならない。
あいまいさや、未知の闇が持つ
やさしさも知って。

何かを判断したり、選択したりするとき、物事をハッキリさせることは、必要で大事なことです。でも、ハッキリさせることは決して、簡単ではありません。厳しさも勇気も強さも、時には人を傷つける覚悟がなくては持てないでしょう。

だからその必要がなければ、黙っていること、あいまいであることも、悪いばかりではありません。そのほうが、やさしく寛大で、人を傷つけずにすむことも多いのです。

57

近道ばかりを選ぼうとしないで。
遠回りをすることや、
横道にそれること——
それが、あなたの人生の
あなただけの深さや幅になる。

ちゃっかりとうまくやる、要領よくこなす——それはそれで、ひとつの能力。でも、いつもそればかりでは、成しとげても何も身につかなかったり、物事の深いところまで見ることはできません。

時間の無駄かもしれないことや、お金を損するようなことをしてしまっても、また進んではみたものの、結局は行き止まりで、引き返すことになったとしても、実はそれこそが、あなたの個性や味を作る時間なのです。

58

別離は決して、喪失ではない。
別れは、それまでと
関わり方が変化すること。
あなたが忘れなければ、
心の中ではいつでも会える。

別離は、一番つらい変化かもしれません。死別でも、生き別れでも、それまでの関係は確かに1度、終わるのです。でも、別離は忘却ではありません。もう目の前にいなくても、触れることはできなくても、あなたが忘れない限り、絆《きずな》は切れません。むしろ心の中で、それまでよりいつでも一緒にいる、何でも話せる人になるのかもしれません。そして、願っていれば、違う形でいつか必ずもう1度、会えるはずです。

59

どんなに許せないと思うことも、
許してみよう。
許そうとしてみよう。
そうすることで、
あなたも心の牢獄から
解き放たれるはず。

完璧な人間はいません。時には、どうしても許せないことを人にされたり、自分でしてしまったりするのが人間です。

でも、ゆっくりでいいから、できるだけ人（自分も含めて）を許す気持ちになってください。許すことは、あなた自身も、そのつらい出来事やネガティブな思いから解放します。

人間は、「許せない」と思うことを、少しずつ、「忘れてはいけない、大事なこと」に変えていける力も持っているのです。

60

自分の気持ちをちゃんと
伝えていないのに、
「わかってくれない」と
思うのは甘え。
まずは自分から、
相手にわかるように
自分を表現して。

「誰も、自分のことをわかってくれない」と思う前にあなたは、自分のことをちゃんと人に伝える努力をしましたか？　嘆くのは、そのあとです。ただし、自分を表現するのと、人に理解してもらうのは、別のことだということをお忘れなく。

心の感じ方は、人それぞれ。あなたの表現方法が通じる人も、通じない人もいます。ですから、相手に通じるように自分を伝える——それは、相手をわかろうとすることから始まるのです。

61

「包帯を巻いてあげられないのなら、
傷口に触ってはいけない」
という言葉がある。
中途半端なやさしさは、
むしろ罪になる。

これは私が少女のころに読んだ、ある小説で出合った言葉です。今までずっと覚えていたのは、人と関わることの難しさを、いつも感じていたからでしょう。

人にやさしくするのはいいことですが、頼ってきている相手に途中で、「これ以上はできない」と逃げるのは、傷口を好奇心にまかせて、いじくりまわすのと同じくらい、無神経なこと。人にやさしくするときには、それなりの覚悟とたしなみが必要です。

62

自分のことを好きではない人間に、
他の人が魅力を
感じるはずはないけれど、
自分だけしか好きではない人間にも
やっぱり魅力はない。
どちらも、自分しか見ていない人だから。

人はみんな、自分のことが大嫌いだけど、大好きです。自分のダメなところは、自分が誰よりもわかっている。それでも、そんな自分が可愛いのが人間なのです。

そんなふうにダメな自分を、ちゃんと受け入れて愛することができれば、きっと他人のダメなところがわかっても愛せるはず。

自分を愛せない人は、本当は自分しか愛していないのかも。逆に自分しか愛せない人は、実は自分のことも愛していないのかも。

63

世の中は嫉妬の海。
嫉妬するのは、
「その人」は
「あなた」ではないから。
でも、嫉妬の対象にも
ならない人よりは、
ずっとあなたに似ているから。

嫉妬は、思いのほか強い感情です。さまざまな争い、確執、混乱などの裏の原因に、嫉妬があることは多いでしょう。突き詰めて考えれば、自分以外のすべての人が、嫉妬の対象になります。嫉妬するのは、叶《かな》えられない自分の欲望を、屈折して相手に重ねるからです。だから嫉妬心を分析すれば、自分や相手を知ることに役立ちます。屈折した部分を真っすぐに伸ばして、そのパワーをプラス方向に使ってみましょう。

64

人生は、緊張と弛緩《しかん》の連続。
張り詰めすぎた糸は切れやすいし、
緩《ゆる》みすぎれば何もできない。
だから大切なのは、
ニュートラルであること。

どんなに頑健でも、睡眠を取らずに生きていける人はいません。生物は覚醒と睡眠、緊張と弛緩を繰り返すことで、ニュートラルな状態を保っています。ですから拡大、増加することばかりがよいとは限らず、縮小、減少する方向も必要。

暗闇では明かりが欲しいけれど、明るすぎると闇が恋しくなる。勝つことで強くなるけれど、負けることでやさしさを知る。揺れることでバランスを取りながら、人は生きているのです。

65

あなたが現状に不満でも、
それは結局、これまでの
自分が選んで、作った状態。
それを忘れてしまうと、
どこにも出口は見つからない。

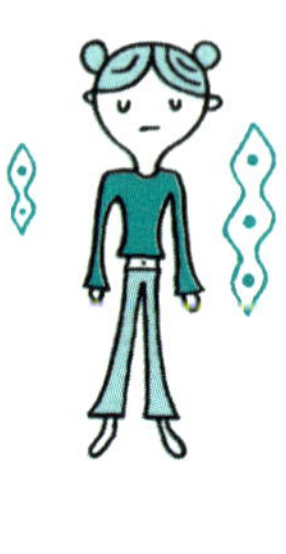

「どうして、こんなことになってしまったんだろう」「なぜ、自分はこんなことをしているの」と、現状を嘆きたくなることはあるでしょう。でも、あなたが何もできない幼児でもない限り、今の状態は結局、あなたが選んできた事柄がもたらしたものなのです。

自分を責めすぎてもいけませんが、人のせいにするのは、もっといけません。自分の責任を考えながら、逃げずに対処すれば、きっとその状態は改善されるはずです。

66

えらそうな人や
権威が好きな人、
ことさら自分の実績を
言い立てる人は、
裸の自分で勝負できない人。
何かを必死で守ろうとしている人。

人が自分をよりよく見せたいという気持ちは、自然なもの。あなた自身も、「負けたくない」と思ったときに、威圧的な態度を取ったり、自慢話をしてしまったりしませんか?

人は正面切って戦えなかったり、自分の弱さをカバーしようとすると、権威や立場などで自分をプロテクトします。そう思えば、そういう態度の人も怖《こわ》くなくなるはず。本当に大切なのは、その人が過去に何をしたかではなく、これから何ができるかです。

67

人は、何か大きな出来事や
ショックなことがあっても、
意外に変わらない。
本当に人を変えるのは、
毎日の小さな積み重ね。

「あんな出来事があったんだから、身にしみたよね」「この感動が、自分を変えるかも」と思ったのに、結局は、〝喉元過ぎれば熱さを忘れる〟で、何も変わらない自分が、そこにいたりします。

でもそれは、当たり前。なぜなら、人を本当に変えるのは、日常生活だから。アクシデントも感動的な経験も、それが日常を変えるに至らなければ案外、エピソードのひとつとして、通りすぎていってしまうのです。

68

自分が欲しいと思うものは、
まず人に与えよう。
それはきっと、
大きくなって帰ってくる。
欲しがるだけでは、
何も得られない。
奪うだけでは、　何も生まれない。

あなたが欲しいと思っているものは、他の多くの人も、欲しいと思っているはず。もしそれを与えても、あなたが損をしない、痛手を受けないならば、どんどん人にあげてしまいましょう。たとえば、人をほめること。これほど簡単で、喜ばれる贈り物はありません（ただし、みえみえのお世辞はダメですよ）。そして人を助けること、人にやさしくすること。自分が人にされてうれしいことは、どんどん自分から与えていきましょう。

69

何かあったら、
まず深呼吸をしてみよう。
新しい空気と一緒に、
新しい運気と心の栄養になる
「気」が、身体に入ってくるから。

思い詰めているとき、緊張しているときは、文字通り、息も「詰めて」います。驚くことや、あわてることがあると、大きく息が乱れます。呼吸は一番身近で、シンプルな陰陽のバランス術です。吐く息と吸う息――陰陽、陰陽と交互に行うことで、身体と心のバランスも整います。

何かあったら、まずワンブレイク。呼吸を整えてから、もう1度考え、動き出しましょう。きっと前より、うまくいくはずです。

70

世間の目をやたら気にしたって、
世間があなたに
何かをしてくれるわけではない。
だから世間は世間、
あなたはあなた。

周囲の人の目は気になるものです。世間がどう思うか――それが、よい意味での抑止力になることも多いでしょう。でも、あまり気にしすぎると、自分のためではなく、まるで世間のために生きているみたいになってしまいます。

世間の目や声などは、わりと無責任なことも多いもの。本当に、あなたのことを思って言っているわけではありません。あなたが最終的に従うべきは、あなた自身の意思なのです。

71

あなたができるのは、
馬を水飲み場に連れていくこと。
口を水につけてやること。
でも馬がその気にならなければ、
上手に水を飲ませることはできない。

相手に期待し、愛情もあれば、自分のできることは何でもしてあげたいと思います。自分の子供だったりすれば、自分が果たせなかった夢も託してみたくもなります。

でも、あなたができるのは水飲み場を用意し、連れて行くところまで。無理やり馬の口に水を流し込んでも、馬は苦しむだけです。どうしても馬に水を飲ませたいなら、どうすれば馬をその気にさせることができるかが、何より重要です。

72

変化のときは不安定なものだから、
人間、何かが変化するとなると、
つい悪いほうに考えがち。
でも、それをピンチにするか、
チャンスにするかは、あなた次第。

すべての物事は変わっていくものです。でも、変わった先に何があるかは、誰にもわかりません。それで変化はいつも、悪い予感と結びつきやすいのです。でも、変化がないことで、物事が悪い方向に傾くことだって多いもの。変化を求められるときが、最低から這《は》い上がるべきときなのかもしれません。

だから、むやみに明日が来るのを恐れないで。今あるものが失われても、その代りに与えられるものが、必ずあるはずです。

73

誰かに何かを求められる、
必要とされる、
そしてそれに応えられるのは
幸せなこと。
たとえどんなにささやかな、
小さなことでも。

もし、あなたが人に求められ、期待されているなら、多少大変でも、それに応えるように頑張りましょう。「求められるうちが花」です。逆に、もし今、誰からも何も求められず、必要とされていないと感じているとしたら、それはあなたが、自分が必要とされる場所や人を、本気で探していないから。

世界は広いのです。今の場所や今そばにいる人がダメでも、あなたが必要とされるところは、必ずあります。

74

どんなに意欲があっても、
大事なことでも、
それがあなたの許容量を
超えていては、何にもならない。
大切なのは
プライオリティ、優先順位。

素晴らしいことや、完璧なものも、それが必要なときに間に合わなければ、その価値は半減してしまいます。

たとえ意欲や能力があっても、あなたがひとりでできることには、時間も含めて限りがあります。あなたが全部をやらなくても、人に任せたほうが結果的にはうまくいくことも……。

そのときに一番必要なことは何か、何を先にやるべきかという状況判断は、何かを成しとげるときには大切な能力となります。

75

敏感すぎることが罪悪なのではなく、
感じたことすべてを、
いつでもどこでも垂れ流すのが罪悪。
感じたことはまず咀嚼《そしゃく》して、
自分のものにしていく力を鍛えて。

いかにも神経質な人は、それを周囲に悟らせ、神経を使わせている時点で、無神経といえます。

豊かな感受性を持ち、多くのことを感じ取れるのは、素晴らしいことですが、あなたがどんなに多くのことを感じていても、そのほとんどは、他人には必要でない場合が多いのです。

感じたことを人に伝えたければ、多少の情熱や工夫が必要。周囲に伝える気もなく、そのまま垂れ流すのはやめましょう。

76

運には本来、よいも悪いもない。
ただ「運ばれてくる」もの。
雨の日には傘をさすように、
暑い日には薄着になるように、
運に合った生き方をすればいい。

西洋占星術では、幸運の星・木星が、自分の生まれたときに太陽があった星座に巡ってきたときが、12年に1度の幸運期になります。でも、それ以外の11年も、木星はなくなるわけではありません。働きが強くなるときと、そうでないときはありますが、いつでもあなたを照らし、その時々の幸福の在処《ありか》を教えてくれます。

いつも絶好調の人はいません。いろいろな運気のときがあって、人生は広がり、深まるのです。

77

この世の中で、
変えることができるのは
自分の心だけ。
人の心は思い通りにならないけれど、
あなたが変われば、相手も変わる、
世界も変わる。

人はいつも無意識に、誰かの気持ちを変えたいと思っているものです。あの人に愛されたい、この人が考えを変えてさえくれたら、その人がこれをやる気になってほしい……でも、そうならないから苦しいのです。人の気持ちを変える方法は、たったひとつ。

それは、あなたが変わること。あなたが自由自在に変えられるのは、あなた自身の心だけ。あなたが変わらなければ、相手の気持ちも変わることはありません。

78

「自分には何もない」と
思ったときこそ、
すべてはあなたのもの。
「何もない」のは、
その先の無限の可能性を
手にしているときだから。

両手にものを持ったまま、新しいものはつかめません。新しいものをつかもうとするならば、まずは手放したり、整理したりすることが先です。そうして、「何もない」状態になったとき、人は一番、エネルギーが出るものなのです。

若さが魅力的に映るのはなぜでしょう？　それは、何もない白紙の未来が、人に無限の可能性を感じさせるからです。自分の可能性を信じている限り、あなたの若さも失われないでしょう。

79

「今、自分は幸せか？」とか、
「幸せって何？」などと
考えないですむとき、
それくらい何かに夢中なときが、
きっと一番幸せなとき。

「幸福は瞬間、不幸は状態」です。ハイテンションな喜びは長くは続きません。栄光も、つかんだあとは保つ苦労があり、幸福な状態も日常になれば、不満や不足感も出てくるし、それが失われることへの不安感にも、さいなまれます。

こんなふうに考えると、幸せとか不幸とか考えもせず、何かに没頭して過ごす時間が、一番の幸せなのかもしれません。気がついたら老いていた――そんな人生が、きっと幸福なのです。

80

すべての成功は、

「人のためになる」「人の役に立つ」

ということの延長にある。

あなたひとりだけが輝く栄光は、
ニセ物。

ほとんどのビジネスチャンスは、人は何を欲しているか、どうしたら人に喜ばれるか……という発想から生まれます。人をうまく利用したり、だましたりして得た成功は、決して長くは続きません。また、ひとりの輝くヒーロー、ヒロインの陰には、それを支えている多くの人が存在しているものです。

あなたのまわりの人や、世の中の誰かを少しでもハッピーにできる――大きくても小さくても、それが成功なのです。

81

人生では、
必要なことにしか出合わない。
試練はあなたを
打ちのめすためではなく、
何かに導くためにやってくる。
今、あなたを悩ませていることも、
きっと何かをあなたに伝えている。

すごくつらいこと、ショックなことにも出合ってしまうのが人生。「なんで自分ばかり、こんな目に……」と思うこともあるでしょう。でも、それを乗り越えたときにきっと、「あの出来事や体験があったから、今の自分がいる」と思える日が来るはず。

さまざまな試練は、あなたを打ちのめすためではなく、乗り越えるためにやってきます。乗り越えられないような試練は、与えられません。まずは自分の力を信じましょう。

82

愛する気持ちは、あなたの自由。
たとえもう2度と会えなくても、
何の見返りもなくても、
心の中で愛し続けることはできる。
あなたが愛し続けたいところまで。

愛は報《むく》われるとは限りません。なぜかうまくいかなくて、フラれたりもします。でも、あなたが愛を止められないなら、ずっと愛し続けていいのです。黙って見守ることも、密《ひそ》かに思い続けることも、愛の形です。

報われない愛は断ち切って、他に愛を求めたほうが、現実的には賢い選択かもしれません。でも、その時間を無駄と思わない覚悟があるなら、心の中で愛し続けても、それはあなたの自由です。

83

小さなことはゆずる心、
少しのことは許す気持ち、
ささいなことは笑い飛ばす余裕。
それが、
大きな幸運の種まきになる。

あなたはいつも、小さなことから大きなことまで、「すべてのことを、思い通りに動かしたい」「自分が得したい」「有利でありたい」などと思っていませんか？　でも、自分にとって本当に大事でゆずれないこと以外は、少し損をしても、負けても、それで誰かが喜ぶなら、いいではありませんか。

自分ひとりが、いつもいい思いをしようと思っていては、誰もあなたに大きな幸運を運んできてはくれません。

84

あなたに必要なものは、
必ずしもあなたが
受け入れやすいものではないかも。
だから、受け入れがたい
何かを試すことも、たまには必要。

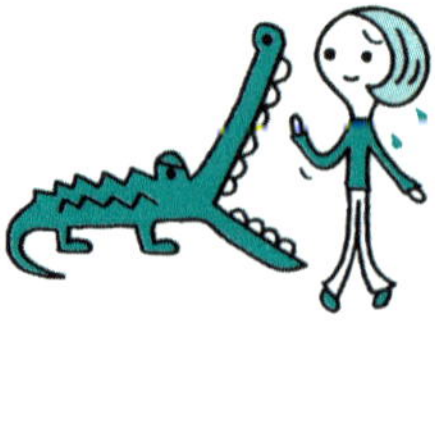

今、あなたが渇望していることが、あなたにとって本当に必要だとは限りません。人間はもともと欲が深いし、楽もしたいし、弱いものだからです。ただやみくもに欲しがる前に、なぜそれが欲しいのか、したいのかを、少し考えてみてもいいかもしれません。

また時には、あなたが嫌なこと、苦手なことの裏側にある理由も考えてみると、これまで気づかなかった「本当に必要なこと」が、わかるかもしれません。

85

たとえひとりでも、
やらなければならないことはある。
だけど、
ひとりだけで達成できることなんて
何もない。

人と共同で何かをするときも、常に自分の責任はどこにあるのか、それを考えて行動しましょう。どんなにたくさんの人の中でも、人はひとりでやらなければならないことがあります。ひとりで責任を取れない人は、何もできない人です。

もちろん、たったひとりで何かを達成する人もいるでしょう。でも、それを評価する人、伝える人、受け取る人がいなければ、それは本当の意味では、完成していないのです。

86

心で何かを思っても、
それを行動で示さなければ、
何も思わなかったのと同じこと。
何を思ったかよりも、
何をしたかに意味がある。

これは、私が大学時代に友人が、「森鴎外の作品と文体から学んだこと」として、話してくれた言葉です。

人の心の中には、いつもさまざまな思いが浮かんでは消えていきます。心の中だけで刹那《せつな》に散った「思い」は、自分自身には意味があるものでも、伝えたり行動に移さなければ、人にとっては「思わなかった」と同じこと。決して人や状況は動かせません。今の「思い」、なかったことにしたくなければ、行動しましょう。

87

失敗は、敗北ではない。
1度や2度の失敗で
投げ出してしまうこと、
何の反省も工夫もなく、
同じ失敗を繰り返すことが、
本当の敗北。

失敗を1度もしないで、何かをなしとげたり、目標に到達できることは、まずありません。1度や2度の失敗で、負けたと思う必要はないし、いつか必ず、挽回《はんかい》できる日も来るでしょう。

とはいえ、何度も同じ失敗を繰り返して、人に迷惑をかける懲《こ》りない人もいます。占いでは、そういう人を「楽観的な挑戦者」と考えます。何度、失敗したら本当にダメになるか、試してしまうのです。挑戦の方向をどうか間違えないで。

88

本当のプライドは、
人に対して見せたり、
誇示したりするものではなく、
自分に対して持つもの。
自分に恥ずかしくなければ、
いつだって捨てられるのもプライド。

誤解を恐れずに言えば、わたしはこれまで、「プライドが高くて、仕事ができる人」には会ったことがありません。

多くの仕事や人間関係は、目標や利益に向かって、人と人がいかに折り合いをつけていくかの作業です。そこで自分の面子《めんつ》や勝ち負けの意識などを持ち出されても、邪魔になるだけ。

目的のためには、自分に恥ずかしくさえなければ、プライドも喜んで捨てる――それが、本物のプライドではありませんか?

89

苦手な人もライバルも、
消えてなくなってほしい
と思っているあの人も、
あなたが何かを乗り越えたり、
諦めたりするためには
きっと必要な人。

いつも意地悪なあの人、あなたの行く手をさえぎる人、あなたが望んでいたものを奪っていった人……その人さえいなければ、あなたはもっと楽々と、欲しいものを手に入れられたかもしれません。

でも、その人がいたから、あなたは別の道を選んで、もっと自分にあった幸せを手に入れられるのかもしれないし、闘うことでより強くなり、より高いところにいけるのかも。

うれしくないその出会いにも、きっと意味はあるのです。

90

「ノー」をいうことは、簡単。
でも、何が「イエス」か、
それに変わる提案と
対策のない「ノー」は、
ただの無責任。

否定することは、簡単です。「これはダメ」「私は嫌い」「そんなことできない」……でも、代案や対策もないままに否定し続ける人は、やがて、誰にも相手にされなくなります。

ダメというなら、「こうしてみたら?」「これならできる」と自分を素直に出して、建設的な意見を言うべきです。そうすれば、あなたが簡単に否定したものの中にある苦労も、自分の本当の実力もわかるでしょう。

91

「いつかは……」と思っていても、
あなたが決断しない限り、
「いつか」は永遠に来ない。
もしかしたら今が、
その「いつか」なのかもしれない。

とても大事なものだから……と、引き出しの奥にしまい込んで、使うタイミングがないまま古くなったり、使えなくなってしまったものってありませんか？　持っているものや心に抱いている夢は、使ってこそ、実行してこそ意味があるのです。

本当に必要なこと、叶《かな》えたい夢には、必ず踏み出すときがくるでしょう。「いつかは」という未来がいつなのか、あなたが決めない限り、それは永遠に来ないのです。

92

言葉は、いつも遅れてやってくる。
気持ちを自分で
言葉にできたときには、
伝えたい相手は
もう目の前にはいないもの。

心の中に渦巻くさまざまな感情を、素早く自覚して、正確に言葉にできることは稀《まれ》です。会わなくなってから初めて、自分の気持ちが恋であることに気づいたり、親が自分に言っていたことの真意が理解できたり……。多くの場合、感情が整理されて言葉となるには、少し時間がかかります。

ですから、言葉にできた感情を、その時点で相手に伝えるすべがまだあるならば、それだけでラッキーなことかもしれません。

93

人は、時間があるから
何かを成せる
というわけではない。
何か目的があるから、
それを目指すからこそ、
達成できる。

「忙しいからできない」と、人にも自分にも、言い訳をしながら生活していませんか？　それが本当に必要でやりたいことなら、あなたはどんなに忙しくてもやるでしょう。そんな、やるべきことの優先順位を決めるためには、目的を持つことです。

何かをする時間は〝ある〟のではなく〝作る〟もの。ささやかでも、平凡でもいいから、目標を持って。その瞬間から、あなたに流れる時間は、有意義なものに変わるはずです。

94

「好き」の反対は「嫌い」ではなく、
「無関心」。
嫌いという激しい感情の奥には、
好きとは言いたくない、
何か強いこだわりがあるということ。

「嫌い」という感情は、心理学的には心の〝シャドー〟（=自分の中にある、自分の嫌いな部分）を表しているといいます。否定したい自分を見せつけられるから、嫌いでたまらないのです。「嫌い」と思ってしまう感受点があるということは、何も興味がない、関心を持たないものよりも、ずっと「好き」に近いのです。

いずれにせよ、自分が嫌いなもの、好きなものが何であるかは、自分を知る大きな手がかりとなります。

95

自分に何の自信も持てなくても、
自分が実際にやってきたこと、
積み重ねたことには自信を持とう。
それも自信にならないなら、
そう思える謙虚さに自信を持とう。

根拠のない自信に満ちた人もいます。それはただの怖《こわ》いもの知らずだけど、その楽観性で、物事を有利に進められることも多いでしょう。逆に、なかなか自信を持てない人もいます。また誰でも、何をやっても自信を持てないときもあります。でも少なくとも、何かをやった事実、続けた時間は、自信の根拠です。

自分を客観視できる人ほど、自己評価は低いもの。そしてそういう人ほど、まだ伸びる余地はあるのです。

96

笑顔には力がある。
緊張を解き、心を軽くし、
明るさを与える。
たとえ作り笑いでも、
つらいときには笑ってみよう。
きっと力がわいてくる。

心が楽しいときには、自然に笑顔になります。だから、逆に笑顔を作れば、きっと心も楽しくなります。「作り笑いなんて」と言わないで。笑ってみたら、あなたの心も少しは動くから。

それに笑いは、周囲へのやさしさです。一緒に悩んであげるより、気楽に笑い飛ばしてあげることが、ずっとやさしい場合もあります。あなたには、自分も人も幸福にすることができる、〝笑顔〟という力があることを忘れないでください。

97

トラブルや破綻は、
そのとき最も意識が
薄くなっていたところで起きるもの。
一番、大丈夫と思っているところに、
一番の危険が潜《ひそ》んでいる。

どの人の人生も、たいていはアンバランスです。何かを一生懸命、頑張るときはパワーもそこに集中しますから、別の何かがおろそかになり、気がまわらなくなって当然。

そして人は、トラブルが起きてはじめて、一番油断し、考えていなかったところを意識できるものなのです。

ですから小さなトラブルなら、むしろ幸い。それは警告と思って、大きなトラブルにならないうちに、すぐ対処しましょう。

98

やらなかったこと、
忘れていたことを
いつまでも悔やむのはやめよう。
それは、きっと結果的に、
あなたに必要なかった
ことなのだから。

「あのとき、ああしていたら……」と悔やんでも、過去には戻れません。その時点で精一杯やったのなら、それがベストの結果です。精一杯ではなかったと後悔しても、それがそのときの限界だったのだから、今、手元にあるものをベストと考えるしかありません。

過去に逃したものが本当に必要であるならば、また手に入れるチャンスは、少し違う形でも必ず巡ってくるでしょう。そのときこそ、逃さないでください。

99

後悔をしない人なんていない。
「後悔はしていない」と強がりでなく
言えるようになりたいから、
また頑張れる。
後悔こそが、あなたの心の支え。

「後悔はない」と言って生きていたいけれど、「後悔はない」というひとことは、本当はたくさん後悔をしたあとで初めて、言える言葉だと思うのです。終わってみなければわからないことは多いから、「あのとき、ああしていたら……」と思うのは当たり前。

選べなかったもうひとつの道も、心の中で思っているだけの道も、実体はなくても、あなたの大切な「人生」の一部であることに、変わりはありません。

100

この世に生まれただけで、
今、生きているというだけで、
あなたは価値ある存在。
たとえ何もできなくても、
必要とされているから、生きている。

「自分は、何の価値もない存在」と思ってしまう日もあるでしょう。どこを探しても、これっぽっちの自信も見つけられないこともあるでしょう。そんなときは、たとえどんな状態であっても、「今、生きていること」「この世に生まれてきたこと」で、あなたは十分、価値ある存在だと思ってください。

形はいろいろでしょうが、誰かにとって、必ず価値ある存在になれるからこそ、生まれてきて、そして今、生きているのです。

101

叶《かな》わなかった願いは、
長くつきあう友人のようなもの。
叶った願いよりも、
長くあなたのそばにいて、
多くのことを教えてくれる。

いろいろな夢や願いがあっても、そんなに多くのことは、選択できないのが人生。年齢を重ねれば、叶わなかった願いの数も増えていきます。でも、叶った願いはそこからは現実。色あせていくこともあります。叶わなかった願いは、叶わなかったからこそ、ずっと心の片隅に置いて、長く付き合えるのです。

「もしもあのとき……」と考えることは、選ばなかったもうひとつの人生の、楽しい空想も与えてくれます。

あとがき

私は幼いころ、若いころ、さまざまな占いの本を読むことで、「いつか未来は変わる。それがバラ色の未来でなくても、どんな未来か見てみたい、それを予想してみたい」と思うことが、心の支え、生きる力だった気がします。

そのとき読んでいた占いの本たちには、人生をストレートに語るような言葉はなかったように思うけれど、「人生はいつか変わる」ということを教えてくれていたという一点で、私の大事な〝心の友〟のような本たちでした。

本書は、2004年に、おみくじのように無作為に開いたページから、そのときのあなたに必要な言葉を伝える、ビブリオマンシー（書物占い）としても使える本として、『幸運のおみくじ フォーチュンクッキー』のタイトルで出版した内容に、若干の訂正、加筆をしたものです。

『幸運のおみくじ フォーチュンクッキー』は発売当初から、占いの本というより、その中の101の言葉が、読み物として印象的だった、ずっと心に残っている……というような反響を多くいただいたこともあり、今回、タイトルも変えさせていただきました。

最初から順番にじっくり読んでもいいし、気楽に気が向いたページから読むのもいいし、もちろん、書物占いとしても使えます。

どのような使い方、読み方もできる一冊ですが、この本が、いえ、この本の中のどれかひとつの言葉だけでも、〝心の友〟のひとりとして、あなたの心の片隅に置いていただければ、これほどうれしいことはありません。

水晶玉子

著者紹介
水晶玉子（すいしょう たまこ）
占術家。東洋・西洋の枠を超え、数々の占いを研究。独自の視点に立った解説は的中率も高く、またわかりやすいことから、多くのファンを持つ。「フラウ」「アンアン」など女性誌での執筆多数。著書に『はじめてのオリエンタル占星術』（講談社）、『怖いほど運が向いてくる！ 四柱推命』（青春出版社）など。

公式 Twitter　https://twitter.com/Suisho_Tamako

カバーデザイン　こやまたかこ
本文デザイン　鈴木ユカ
イラスト　谷口シロウ

※本書は2004年に小社より刊行された『フォーチュンクッキー 幸運のおみくじ』を再編集して、新たに刊行するものです。

心の傷をいやす101の言葉

2014年7月8日　初版第1刷発行
2018年3月8日　初版第3刷発行

著　者　水晶玉子
発行者　岩野裕一
発行所　株式会社実業之日本社
〒153-0044　東京都目黒区大橋1-5-1 クロスエアタワー8階
【編集部】03-6809-0452【販売部】03-6809-0495
実業之日本社のホームページ http://www.j-n.co.jp/
印刷・製本　大日本印刷株式会社

ISBN978-4-408-11078-3　2014 Printed in Japan